80 SUDOKUS

DIFFICILES

© 2021, Charpin, René
Edition : Books on Demand,
12/14 rond-Point des Champs-Elysées, 75008 Paris
Impression : BoD - Books on Demand, Norderstedt, Allemagne
ISBN : 9782322201266
Dépôt légal : avril 2021

Puzzle #1
HARD

			2	4				6
				1			8	
		8			5	2		
3		9				6		
1		6	8					
4	2			1			7	
	4				1	5		
			6	5	9		2	
				7				

Puzzle #2
HARD

		1		2	9		6	
						2		9
5	2		6	7		3		
7		4		8	1	6	3	
1				9	5	4		
			3		6	9	7	
	8		9				4	3
	3	2	1		7			
	1			3		7		

Puzzle #3
HARD

	1	9			3	6	2	
		8			5		4	
			6	9				
4	6		1					5
7				4			1	
		6				2		
	3				7		9	
			8			3		

Puzzle #4
HARD

	5	8			3			
		9		6			7	8
7	4							
							4	9
		5		2				
8								3
		6	4				1	5
		4	9	1		8		
1								7

Puzzle #5
HARD

8		9			2	3		
6			1					4
7					6			
	5						7	9
3								
			5		1	8		
9			7				8	3
1							2	6
	2							

Puzzle #6

HARD

4							5	
	6	2		4				7
				5	6		3	
2					1			
		9	7					
			8					
7	4					8		9
	8					3		
			3		7			4

Puzzle #7
HARD

	2	6						
7			3		6			4
			4					
	8							1
	6					4		
	4		8			2		
	5	3		7	2			
8					1			7
							5	9

Puzzle #8

HARD

					6		5	8
2			9	4				
	5		3		1			
		5			3			6
1						8		4
	4			6		1	9	
			5			3		
	8					4		2
4								

Puzzle #9

HARD

	7		8		3			
		5	4					3
	9	2			1			
	3				4			
9		8			2		4	
				3		8		6
							7	9
	1	4						
						2		8

Puzzle #10

HARD

2	3					7		
					8			
	9						4	2
		6				3	5	
7			3					
				2	5	6		
					9	5		6
	1		7					
3		4	6					

Puzzle #11

HARD

	3						2	
		9			7	5		
		7			6	4		9
2				3		1	4	
			1	9				5
								8
		1	2	8	9			
6			5	1		7		

Puzzle #12

HARD

8			7		3			
			5	8				
		5		2				
		3			9			6
1		8				3		
		2						5
		6		1		7	9	2
				4	2			
9			6					8

Puzzle #13

HARD

		9	4					3
		7						
2			3				5	
6	1						3	
	9				6		2	
5			7		3			4
		5			8			
				5		8		
	4					7	9	

Puzzle #14

HARD

				7	1			
4	3				8			9
							4	6
	7		3	4		1		
	5		6					2
	8		7		9	3	6	
3	1	9		2				
						2		

Puzzle #15

HARD

4		1	2					5
						7	4	
		3			1		6	
9				1		8	7	6
	3							
			6	8				
8	9	4						
					3			
			1		5			

Puzzle #16

HARD

	2		3					
					7			1
					8	3	6	
9			2		6	8		
	5					9		
8		4	1				3	
					4	7		
		2	6					
	6	1		7		4		

Puzzle #17

HARD

				4		6	2	
	9			6	3			
4			5					
	6				5			
2						4		
		5	6			7		9
1	7							
			4				5	2
						9	1	

Puzzle #18

HARD

					2		3	
			8				2	
			5				6	
1	2		3					
	8			5			9	
9		6				1	7	
	5			7				
	7		1		3	4		
4		2						

Puzzle #19

HARD

9							6	
5						1	3	
	2		3					4
					8			
4		7				3		
		1	6		5			
7				1		5		
	8			9			4	
	3		5		7			

Puzzle #20

HARD

			1			5		
9								
			2		7		3	1
	2	8	6	5				
	5							
							6	9
4		9						
				1		9		4
	1	3		8				
6								

Puzzle #21

HARD

						5		
6	9				5			
5		3		4				1
	6	2				7	8	
		4						
				3				2
	1		7		8	2		5
3			6			4		9

Puzzle #22

HARD

7				6	9	5		4
	3			5		7		9
5								
	8			3	1	9		
				4			2	
		9					7	
				2				
				9	1		2	
		1				8	3	

Puzzle #23

HARD

	9		7		3	6		
				2		4	8	
	6	4	8					
7			6		2			
			9					
						3		6
	4			7				
3		9				2	5	
		8						9

Puzzle #24

HARD

			9				1	
	9			4		6	2	
		4		1				
3	5							
	2	9			7			
			6		2		9	7
				2	3			
			1					5
			8			4	7	

Puzzle #25

HARD

	8			7		5		
			8	2		7		
		4			3			
4						9	2	
		7			5			
			1			4		7
	9		5	6		2	3	
	4				9			
		1	7					

Puzzle #26

HARD

	4			7				9
		5						
3	8							
							2	
2			9		5		3	
		1		4				7
			8			2	6	
	7				4	8		
				2		3		5

Puzzle #27

HARD

							8	
		6		5				9
	7	9				2		4
				8			5	
		1	9					
4	3						7	
					8			6
8		4	6					
					2	7		

Puzzle #28

HARD

		4		2				
	8		9	1		3		
1						9		7
9		3	6		8	4		1
			2			7		
							3	5
4								
			1		7			
		6		4			5	9

Puzzle #29

HARD

		1		7				4
							3	8
	9	5			3			
		6			5			2
9								7
		2			6		9	
		3		5		1		
	4		3		2		8	9
				6				

Puzzle #30

HARD

3		2					8	
	7		2				3	
		1	5			2		
			8	2				9
				3	4			
						5	7	
8	3					6		
		7			8	4	5	
5				4				

Puzzle #31

HARD

				1	6	2	3	
		4			2			
							4	
								5
3				6	4		7	
	1				3	9		
		6			9			
			5					8
2		9		7				

Puzzle #32

HARD

2			3		4			
8		9						
	6					5	1	
					1		3	8
		8		6			5	
		1		4				
9		2					8	
1					9		6	
	4		2			3		

Puzzle #33
HARD

		3	9				2	
5				8		4		
	6	4						
7	1						8	
	4		7	8	2			
			3					
		5	4			6		
		7		9				
				1		8	7	

Puzzle #34

HARD

		8		6		1		7
								8
4				2		6		
6					2			
9								3
5				7		8		9
		3	5					
	4						5	
				8	1		9	

Puzzle #35

HARD

			6		2	4		9
					5			
	5	9		1		6		
		1			9	3	4	6
9				3	7	2		
	4	2	1			9		5
6		3				8		
5			8					3
7	1	8	3	9	4		6	2

Puzzle #36

HARD

		4	9	3			8	5
7					2			
	3	9			7			
	5	7	4					8
				9		1	7	
				6			2	
	7	6						
		3						6
4			5					

Puzzle #37

HARD

3			7	4			8	
					8			
							4	1
		8		7				
	2		3	5				9
9			4					6
	3				2	5		
		4						
7				9				

Puzzle #38

HARD

			2		6			
		1				3		
		6		3				8
5	9	4	7					
	7		6					
1				5			4	
			3	8			7	4
		7		4				5
			1				8	3

Puzzle #39

HARD

		2					9	5
				8			3	
5			4	1				2
	2	7						4
		9						
		1		7		8	5	
1								
			6				2	
				9				6

Puzzle #40

HARD

		1		9		5		
	8							
3		5			7			8
9			3	4		1	8	6
				8				
					2		4	
1			4			9		
							5	
		9		7	8	3	2	1

Puzzle #41

HARD

					6			9
	8					7		1
		5	3			4		
9	2							
	6				4		2	
		3	9				8	
						3		
			2	1		8	7	
	4	7	5		3			

Puzzle #42

HARD

						7		
	5	2						
							5	4
	6	4				9	2	7
		3		2				
			9					6
8		3		7				2
	7		5		8		9	
4					1			3

Puzzle #43

HARD

1	8			2				
		7			9			
			8			2		3
	7		9	8			5	
		1	5			9		
					4	3		
	1					8		
2		9				4		
				1	3		2	

Puzzle #44
HARD

5				1			8	3
	2							
	6				3			
1			4	6		2		
							1	
	4			5				7
		7				5		8
		2		9	6			
	9	3		7				2

Puzzle #45

HARD

		5			3	8		
		3		9		4		
6	9					1	2	
	4							
				8		5		
8					2			
		4		7	8			9
					6			
	3			9		4		7

Puzzle #46

HARD

					4	2		
5		8						
		3			9		6	
	7	1		9	6			
3				1			7	
		9		2				
								2
9			5		7			3
	5							1

Puzzle #47

HARD

							4	
			7	8				
			6		2			9
	8	1				3		2
	3						9	
				3	1			7
1								
		5		4		2		
		2	8		6			1

Puzzle #48

HARD

1	4				6	5		
	8	9				2		3
6								
			8					2
		4		7	1			
	1							7
	9	6			3	4		
	3			8				
4		7	2			6		

Puzzle #49

HARD

	3				7			
	4							9
		7				4		
2		5	1	8				
				3				
	6					8		4
			6	1				
1	9					7		3
3					5		6	

Puzzle #50

HARD

8							4	
					5			
		3	2				6	7
		5			7			
	4			3	8			
9	8						5	
5					3			
	2			6			8	4
		7				2		

Puzzle #51

HARD

			4			1		
		6			2			9
				9		6		8
			1					3
2			7				6	
7		8	3					
4			2		8			
	7	2					1	
1				4			8	

Puzzle #52

HARD

	5						2	7
					3		9	
2					1			
	3					1		
		9		1			8	
	7		9					5
					6			
		8						6
5	1			8	7			3

Puzzle #53

HARD

	2	1		9				
						3		1
				4			9	
				1	3		4	
8					2			7
	5	9					8	
			7					
1								9
5		3			4		2	

Puzzle #54

HARD

3	9	6				7		5
				7				
		8		5	2	3	6	
	4					1		7
					3			
		2	6	4				
		7				6		9
	6		1		9	8		
		4						

Puzzle #55

HARD

	8	9		6				1
				8	1		4	
	3			4				2
9								
								8
7		6					4	3
				1			7	
						5	3	6
	7				2			

Puzzle #56

HARD

	1			2				
8					4		5	
	9							7
		5						8
					6	1	9	
			7	1		3	2	
			1		7	5		
		7		3				
9				4				2

Puzzle #57

HARD

					8			
	6		1	3			4	
		1			9		3	
	7	4	8			5		
		5		2		6	1	9
				5	2			
8	2	9						7
								6

Puzzle #58

HARD

	4	6	1			5		
				3		8		
		7		6	8			
						7	4	
			2		6		3	9
	5				9		8	2
3					1		9	
9			7	4				

Puzzle #59

HARD

		5	8	7				4
4			9					
6	7					8	9	
		8	4			1		
					1			
5				6				2
	3				5		4	
		2				7		
		9						5

Puzzle #60

HARD

		1		5				
9		3	6	2				4
5							7	
			2					
	3					8		9
		4		1				
7							8	
				4		5		
	9				8			2

Puzzle #61

HARD

				3		5		
					5	4	7	1
	1	6		7				
2	5				6			
			4					3
9				8				
		8	7			6		9
	2	7		4			8	

Puzzle #62

HARD

			1	5	2		3	
6			9					4
3						5	1	
	2				1	3	6	
	7							
4							2	
		5		6				
		3		2			7	
2				4				

Puzzle #63

HARD

		2			9	6		
	3			5				2
	4		2		7			
	5			4				
1								
		6			1	9		
	2	7	6					8
			8			5		
	9			1				3

Puzzle #64

HARD

			4			1		
		6			2			9
				9		6		8
			1					3
2			7				6	
7		8	3					
4			2		8			
	7	2					1	
1				4			8	

Puzzle #65
HARD

1								
		5	9	2				4
		7			8	1		
			5		9			8
		4					3	6
		3				2		
	9				4		7	
	2					3		
			8			5	6	

Puzzle #66

HARD

	6	9				2		
8				9		7		1
		3					5	
1					2			
						6		4
	7			8				
					6	1	7	
	5		3					
9				4	8			

Puzzle #67

HARD

9	5		6		4		3	1
				1				
		8				9		
7	4							5
5	2				6			
8				4				
					2		4	
					1	2		9
4			8	7		3		

Puzzle #68

HARD

			5				8	
	3		7			4		1
8					3		9	
			8					7
1					5			3
3					4		5	9
	6			5				
			1	4				
		7			8			6

Puzzle #69

HARD

					2					
	3			1				5		6
1	7									9
					6			5		
	9	8							4	
					7				8	
				5		7		4	1	
		2		8		3				
	8								6	

Puzzle #70

HARD

						7		
	1			5				
		4	1					
	2		7					
				1		8	6	
7						9		3
			3	8				9
2	5					1		
	3					6	8	

Puzzle #71

HARD

6			5					
	9		1					7
					4	5		8
9				7				
7						2		5
		5	8					
			6	5			2	
			2	3		4		1
			7				9	

Puzzle #72

HARD

			6				9	
		6		3	2			1
1					9			2
	4	3		7				
						5		
	7				5		6	
						4		
7		9		8				
					1	8		6

Puzzle #73

HARD

	8					1		
9								
					3			6
				1	2			8
		1		9	8	5		3
2	6		3			9		
7		9			4		1	
8				7				2
							3	

Puzzle #74

HARD

					6		5	8
2			9	4				
	5		3		1			
		5			3			6
1						8		4
	4			6		1	9	
			5			3		
	8					4		2
4								

Puzzle #75

HARD

3		9			1	7		
								3
	7		4		3		9	
6		3		7				
				8			5	
7	2		8					
							4	
	6	8	7	5				1

Puzzle #76

HARD

				7	3			
					9	4	6	
1	5							9
		4	9				1	6
3		6			2			
	8	2			1			
8	2			6		9		
	6					3	4	

Puzzle #77

HARD

4	2						5	9
			5	8		4		
7								6
		6						
	7	2	6					
		8					4	3
6				1				
				8				4
			7	3			1	

Puzzle #78

HARD

	3		2					5
5			6				1	
		7		3				
						2		
	1							
3	4	5		1			8	
6						9		7
		8			5			2
	2	3		4			5	

Puzzle #79

HARD

2					8		7	3
	8					5		
			6		7		8	
			7				1	
		6			5			
	9				4	8		
				7	1		9	2
	3	9		4				5
	2							

Puzzle #80

HARD

					3		1	
7		5						
	4		7				8	
1								3
		2				8		
			1	9	6	7		
			4			1	7	
		1		3			5	9
	8	9	6					2

Puzzle # 1

7	5	3	2	4	8	1	9	6
2	9	4	1	6	3	7	8	5
6	1	8	7	9	5	2	4	3
3	8	9	5	2	7	6	1	4
1	7	6	8	3	4	9	5	2
4	2	5	9	1	6	3	7	8
9	4	2	3	8	1	5	6	7
8	3	7	6	5	9	4	2	1
5	6	1	4	7	2	8	3	9

Puzzle # 2

3	4	1	5	2	9	8	6	7
8	7	6	4	1	3	2	5	9
5	2	9	6	7	8	3	1	4
7	9	4	2	8	1	6	3	5
1	6	3	7	9	5	4	8	2
2	5	8	3	4	6	9	7	1
6	8	7	9	5	2	1	4	3
4	3	2	1	6	7	5	9	8
9	1	5	8	3	4	7	2	6

Puzzle # 3

5	1	9	4	7	3	6	2	8
6	7	8	2	1	5	9	4	3
2	4	3	6	9	8	5	7	1
4	6	2	1	8	9	7	3	5
7	9	5	3	4	6	8	1	2
3	8	1	7	5	2	4	6	9
1	5	6	9	3	4	2	8	7
8	3	4	5	2	7	1	9	6
9	2	7	8	6	1	3	5	4

Puzzle # 4

6	5	8	7	9	3	1	2	4
3	2	9	1	6	4	5	7	8
7	4	1	2	5	8	9	3	6
2	1	3	8	7	5	6	4	9
4	6	5	3	2	9	7	8	1
8	9	7	6	4	1	2	5	3
9	7	6	4	8	2	3	1	5
5	3	4	9	1	7	8	6	2
1	8	2	5	3	6	4	9	7

Puzzle # 5

8	1	9	4	7	2	3	6	5
6	3	2	1	5	8	7	9	4
7	4	5	9	3	6	2	1	8
2	5	1	3	8	4	6	7	9
3	8	6	2	9	7	4	5	1
4	9	7	5	6	1	8	3	2
9	6	4	7	2	5	1	8	3
1	7	3	8	4	9	5	2	6
5	2	8	6	1	3	9	4	7

Puzzle # 6

4	3	1	9	7	8	2	5	6
5	6	2	1	4	3	9	8	7
8	9	7	2	5	6	4	3	1
2	5	8	4	6	1	7	9	3
3	1	9	7	2	5	6	4	8
6	7	4	8	3	9	1	2	5
7	4	3	5	1	2	8	6	9
1	8	5	6	9	4	3	7	2
9	2	6	3	8	7	5	1	4

Puzzle # 7

4	2	6	7	8	9	5	1	3
7	1	5	3	2	6	8	9	4
9	3	8	4	1	5	7	6	2
5	8	7	2	6	4	9	3	1
3	6	2	1	9	7	4	8	5
1	4	9	8	5	3	2	7	6
6	5	3	9	7	2	1	4	8
8	9	4	5	3	1	6	2	7
2	7	1	6	4	8	3	5	9

Puzzle # 8

3	1	4	2	7	6	9	5	8
2	7	8	9	4	5	6	1	3
9	5	6	3	8	1	2	4	7
8	9	5	4	1	3	7	2	6
1	6	2	7	5	9	8	3	4
7	4	3	8	6	2	1	9	5
6	2	7	5	9	4	3	8	1
5	8	9	1	3	7	4	6	2
4	3	1	6	2	8	5	7	9

Puzzle # 9

4	7	6	8	5	3	9	2	1
1	8	5	4	2	9	7	6	3
3	9	2	6	7	1	5	8	4
6	3	7	9	8	4	1	5	2
9	5	8	1	6	2	3	4	7
2	4	1	7	3	5	8	9	6
8	2	3	5	1	6	4	7	9
7	1	4	2	9	8	6	3	5
5	6	9	3	4	7	2	1	8

Puzzle # 10

2	3	8	5	9	4	7	6	1
4	6	1	2	7	8	9	3	5
5	9	7	1	6	3	8	4	2
9	2	6	8	1	7	3	5	4
7	8	5	3	4	6	1	2	9
1	4	3	9	2	5	6	7	8
8	7	2	4	3	9	5	1	6
6	1	9	7	5	2	4	8	3
3	5	4	6	8	1	2	9	7

Puzzle # 11

5	3	6	9	4	1	8	2	7
1	4	9	8	2	7	5	6	3
8	2	7	3	5	6	4	1	9
2	9	8	7	3	5	1	4	6
4	6	3	1	9	8	2	7	5
7	1	5	4	6	2	9	3	8
9	5	2	6	7	4	3	8	1
3	7	1	2	8	9	6	5	4
6	8	4	5	1	3	7	9	2

Puzzle # 12

8	6	4	7	9	3	2	5	1
2	7	9	5	8	1	6	3	4
3	1	5	4	2	6	9	8	7
7	4	3	1	5	9	8	2	6
1	5	8	2	6	4	3	7	9
6	9	2	3	7	8	4	1	5
4	3	6	8	1	5	7	9	2
5	8	7	9	4	2	1	6	3
9	2	1	6	3	7	5	4	8

Puzzle # 13

8	5	9	4	6	1	2	7	3
4	3	7	2	9	5	6	8	1
2	6	1	3	8	7	4	5	9
6	1	4	8	2	9	5	3	7
7	9	3	5	4	6	1	2	8
5	8	2	7	1	3	9	6	4
9	2	5	1	7	8	3	4	6
3	7	6	9	5	4	8	1	2
1	4	8	6	3	2	7	9	5

Puzzle # 14

5	6	8	9	7	1	4	2	3
4	3	1	2	6	8	5	7	9
7	9	2	5	3	4	6	1	8
8	2	3	1	9	5	7	4	6
9	7	6	3	4	2	1	8	5
1	5	4	6	8	7	9	3	2
2	8	5	7	1	9	3	6	4
3	1	9	4	2	6	8	5	7
6	4	7	8	5	3	2	9	1

Puzzle # 15

4	7	1	2	6	9	3	8	5
2	6	9	5	3	8	7	4	1
5	8	3	4	7	1	9	6	2
9	4	5	3	1	2	8	7	6
6	3	8	9	5	7	2	1	4
7	1	2	6	8	4	5	3	9
8	9	4	7	2	6	1	5	3
1	5	6	8	9	3	4	2	7
3	2	7	1	4	5	6	9	8

Puzzle # 16

4	2	7	3	6	1	5	8	9
6	3	8	9	5	7	2	4	1
1	9	5	4	2	8	3	6	7
9	1	3	2	4	6	8	7	5
2	5	6	7	8	3	9	1	4
8	7	4	1	9	5	6	3	2
3	8	9	5	1	4	7	2	6
7	4	2	6	3	9	1	5	8
5	6	1	8	7	2	4	9	3

Puzzle # 17

7	5	3	1	4	9	6	2	8
8	9	1	2	6	3	5	7	4
4	2	6	5	7	8	1	9	3
9	6	4	7	8	5	2	3	1
2	8	7	3	9	1	4	6	5
3	1	5	6	2	4	7	8	9
1	7	8	9	5	2	3	4	6
6	3	9	4	1	7	8	5	2
5	4	2	8	3	6	9	1	7

Puzzle # 18

6	4	8	7	1	2	5	3	9
5	1	3	8	6	9	2	4	7
2	9	7	5	3	4	8	6	1
1	2	5	3	9	7	6	8	4
7	8	4	6	5	1	3	9	2
9	3	6	2	4	8	1	7	5
3	5	1	4	7	6	9	2	8
8	7	9	1	2	3	4	5	6
4	6	2	9	8	5	7	1	3

Puzzle # 19

9	1	3	7	8	4	2	6	5
5	7	4	9	6	2	1	3	8
6	2	8	3	5	1	7	9	4
3	6	2	4	7	8	9	5	1
4	5	7	1	2	9	3	8	6
8	9	1	6	3	5	4	7	2
7	4	9	8	1	6	5	2	3
1	8	5	2	9	3	6	4	7
2	3	6	5	4	7	8	1	9

Puzzle # 20

9	3	7	1	4	8	5	2	6
5	4	6	2	9	7	8	3	1
1	2	8	6	5	3	4	9	7
3	5	2	9	6	1	7	4	8
8	7	1	5	3	4	2	6	9
4	6	9	8	7	2	3	1	5
2	8	5	3	1	6	9	7	4
7	1	3	4	8	9	6	5	2
6	9	4	7	2	5	1	8	3

Puzzle # 21

1	4	8	3	6	2	5	9	7
6	9	7	1	8	5	3	2	4
5	2	3	9	4	7	8	6	1
9	6	2	5	1	4	7	8	3
8	3	4	2	7	9	1	5	6
7	5	1	8	3	6	9	4	2
4	1	6	7	9	8	2	3	5
2	7	9	4	5	3	6	1	8
3	8	5	6	2	1	4	7	9

Puzzle # 22

7	1	2	3	6	9	5	8	4
8	3	4	1	5	2	7	6	9
5	9	6	7	8	4	1	3	2
2	8	7	6	3	1	9	4	5
3	6	5	4	9	7	2	1	8
1	4	9	8	2	5	6	7	3
9	7	3	2	4	6	8	5	1
6	5	8	9	1	3	4	2	7
4	2	1	5	7	8	3	9	6

Puzzle # 23

8	9	2	7	5	3	6	4	1
1	3	7	2	6	4	8	9	5
5	6	4	8	9	1	7	2	3
7	5	3	6	1	2	9	8	4
4	8	6	9	3	7	5	1	2
9	2	1	5	4	8	3	7	6
2	4	5	3	7	9	1	6	8
3	1	9	4	8	6	2	5	7
6	7	8	1	2	5	4	3	9

Puzzle # 24

2	8	6	9	3	5	7	1	4
1	9	5	7	4	8	6	2	3
7	3	4	2	1	6	9	5	8
3	5	7	4	9	1	2	8	6
6	2	9	3	8	7	5	4	1
8	4	1	6	5	2	3	9	7
4	7	8	5	2	3	1	6	9
9	6	2	1	7	4	8	3	5
5	1	3	8	6	9	4	7	2

Puzzle # 25

1	8	2	4	7	6	5	9	3
5	3	9	8	2	1	7	6	4
6	7	4	9	5	3	1	8	2
4	1	5	3	8	7	9	2	6
9	2	7	6	4	5	3	1	8
8	6	3	1	9	2	4	5	7
7	9	8	5	6	4	2	3	1
3	4	6	2	1	9	8	7	5
2	5	1	7	3	8	6	4	9

Puzzle # 26

1	4	6	2	7	3	5	8	9
7	2	5	4	8	9	6	1	3
3	8	9	5	6	1	7	4	2
9	5	4	7	3	8	1	2	6
2	6	7	9	1	5	4	3	8
8	3	1	6	4	2	9	5	7
5	1	3	8	9	7	2	6	4
6	7	2	3	5	4	8	9	1
4	9	8	1	2	6	3	7	5

Puzzle # 27

1	4	3	2	9	6	5	8	7
2	8	6	7	5	4	1	3	9
5	7	9	8	3	1	2	6	4
7	9	2	4	8	3	6	5	1
6	5	1	9	2	7	8	4	3
4	3	8	1	6	5	9	7	2
3	2	7	5	1	8	4	9	6
8	1	4	6	7	9	3	2	5
9	6	5	3	4	2	7	1	8

Puzzle # 28

3	9	4	7	2	6	5	1	8
6	8	7	9	1	5	3	4	2
1	5	2	3	8	4	9	6	7
9	7	3	6	5	8	4	2	1
8	4	5	2	3	1	7	9	6
2	6	1	4	7	9	8	3	5
4	1	8	5	9	2	6	7	3
5	3	9	1	6	7	2	8	4
7	2	6	8	4	3	1	5	9

Puzzle # 29

3	6	1	2	7	8	9	5	4
7	2	4	5	9	1	6	3	8
8	9	5	6	4	3	7	2	1
4	7	6	9	3	5	8	1	2
9	5	8	1	2	4	3	6	7
1	3	2	7	8	6	4	9	5
2	8	3	4	5	9	1	7	6
6	4	7	3	1	2	5	8	9
5	1	9	8	6	7	2	4	3

Puzzle # 30

3	5	2	4	6	9	7	8	1
4	7	6	2	8	1	9	3	5
9	8	1	5	7	3	2	6	4
7	6	3	8	2	5	1	4	9
1	9	5	7	3	4	8	2	6
2	4	8	9	1	6	5	7	3
8	3	4	1	5	2	6	9	7
6	1	7	3	9	8	4	5	2
5	2	9	6	4	7	3	1	8

Puzzle # 31

5	7	8	4	1	6	2	3	9
6	3	4	9	8	2	7	5	1
9	2	1	7	3	5	8	4	6
4	6	2	1	9	7	3	8	5
3	9	5	8	6	4	1	7	2
8	1	7	2	5	3	9	6	4
1	8	6	3	4	9	5	2	7
7	4	3	5	2	1	6	9	8
2	5	9	6	7	8	4	1	3

Puzzle # 32

2	1	7	3	5	4	8	9	6
8	5	9	1	2	6	7	4	3
3	6	4	9	8	7	5	1	2
7	2	6	5	9	1	4	3	8
4	3	8	7	6	2	9	5	1
5	9	1	8	4	3	6	2	7
9	7	2	6	3	5	1	8	4
1	8	3	4	7	9	2	6	5
6	4	5	2	1	8	3	7	9

Puzzle # 33

8	7	3	9	5	4	1	2	6
5	9	1	8	2	6	4	3	7
2	6	4	1	3	7	9	5	8
7	1	2	5	6	9	3	8	4
3	4	9	7	8	2	5	6	1
6	5	8	3	4	1	7	9	2
9	2	5	4	7	8	6	1	3
1	8	7	6	9	3	2	4	5
4	3	6	2	1	5	8	7	9

Puzzle # 34

3	5	8	4	6	9	1	2	7
2	6	7	1	5	3	9	4	8
4	1	9	7	2	8	6	3	5
6	8	1	9	3	2	5	7	4
9	7	4	8	1	5	2	6	3
5	3	2	6	7	4	8	1	9
1	9	3	5	4	6	7	8	2
8	4	6	2	9	7	3	5	1
7	2	5	3	8	1	4	9	6

Puzzle # 35

1	3	7	6	8	2	4	5	9
2	8	6	9	4	5	1	3	7
4	5	9	7	1	3	6	2	8
8	7	1	2	5	9	3	4	6
9	6	5	4	3	7	2	8	1
3	4	2	1	6	8	9	7	5
6	2	3	5	7	1	8	9	4
5	9	4	8	2	6	7	1	3
7	1	8	3	9	4	5	6	2

Puzzle # 36

6	2	4	9	3	1	7	8	5
7	8	5	6	4	2	3	1	9
1	3	9	8	5	7	4	6	2
2	5	7	4	1	3	6	9	8
3	6	8	2	9	5	1	7	4
9	4	1	7	6	8	5	2	3
5	7	6	3	2	9	8	4	1
8	9	3	1	7	4	2	5	6
4	1	2	5	8	6	9	3	7

Puzzle # 37

3	9	1	7	4	5	6	8	2
2	4	6	9	1	8	3	5	7
8	7	5	6	2	3	9	4	1
6	1	8	2	7	9	4	3	5
4	2	7	3	5	6	8	1	9
9	5	3	4	8	1	7	2	6
1	3	9	8	6	2	5	7	4
5	6	4	1	3	7	2	9	8
7	8	2	5	9	4	1	6	3

Puzzle # 38

4	3	8	2	9	6	1	5	7
9	5	1	4	7	8	3	2	6
7	2	6	5	3	1	4	9	8
5	9	4	7	2	3	8	6	1
8	7	2	6	1	4	5	3	9
1	6	3	8	5	9	7	4	2
6	1	9	3	8	5	2	7	4
3	8	7	9	4	2	6	1	5
2	4	5	1	6	7	9	8	3

Puzzle # 39

4	8	2	7	6	3	1	9	5
9	1	6	8	2	5	4	3	7
5	7	3	4	1	9	6	8	2
3	2	7	1	5	8	9	6	4
8	5	9	3	4	6	2	7	1
6	4	1	9	7	2	8	5	3
1	6	5	2	8	7	3	4	9
7	9	4	6	3	1	5	2	8
2	3	8	5	9	4	7	1	6

Puzzle # 40

7	6	1	8	9	4	5	3	2
2	8	4	5	3	1	6	7	9
3	9	5	2	6	7	4	1	8
9	7	2	3	4	5	1	8	6
4	1	3	7	8	6	2	9	5
8	5	6	9	1	2	7	4	3
1	2	8	4	5	3	9	6	7
6	3	7	1	2	9	8	5	4
5	4	9	6	7	8	3	2	1

Puzzle # 41

3	1	4	8	7	6	2	5	9
6	8	9	4	2	5	7	3	1
2	7	5	3	9	1	4	6	8
9	2	1	7	3	8	5	4	6
7	6	8	1	5	4	9	2	3
4	5	3	9	6	2	1	8	7
8	9	2	6	4	7	3	1	5
5	3	6	2	1	9	8	7	4
1	4	7	5	8	3	6	9	2

Puzzle # 42

2	4	1	8	5	6	7	3	9
7	9	5	2	4	3	6	1	8
3	6	8	7	1	9	2	5	4
1	3	6	4	8	5	9	2	7
9	8	7	3	6	2	1	4	5
5	2	4	1	9	7	3	8	6
8	1	3	9	7	4	5	6	2
6	7	2	5	3	8	4	9	1
4	5	9	6	2	1	8	7	3

Puzzle # 43

1	8	5	3	2	7	6	9	4
3	2	7	6	4	9	5	8	1
9	4	6	8	5	1	2	7	3
4	7	3	9	8	6	1	5	2
8	6	1	5	3	2	9	4	7
5	9	2	1	7	4	3	6	8
7	1	4	2	9	5	8	3	6
2	3	9	7	6	8	4	1	5
6	5	8	4	1	3	7	2	9

Puzzle # 44

5	7	4	6	1	2	9	8	3
3	2	8	7	4	9	1	5	6
9	6	1	5	8	3	7	2	4
1	8	5	4	6	7	2	3	9
7	3	6	9	2	8	4	1	5
2	4	9	3	5	1	8	6	7
6	1	7	2	3	4	5	9	8
4	5	2	8	9	6	3	7	1
8	9	3	1	7	5	6	4	2

Puzzle # 45

4	1	5	7	2	3	8	9	6
2	8	3	6	9	1	4	7	5
6	9	7	4	8	5	1	2	3
3	4	2	5	6	7	9	1	8
7	6	1	8	4	9	5	3	2
8	5	9	1	3	2	7	6	4
1	2	4	3	7	8	6	5	9
9	7	8	2	5	6	3	4	1
5	3	6	9	1	4	2	8	7

Puzzle # 46

1	9	7	6	5	4	2	3	8
5	6	8	2	7	3	1	4	9
2	4	3	8	1	9	5	6	7
4	7	1	3	9	6	8	2	5
3	2	5	1	4	8	9	7	6
6	8	9	7	2	5	3	1	4
7	3	4	9	8	1	6	5	2
9	1	2	5	6	7	4	8	3
8	5	6	4	3	2	7	9	1

Puzzle # 47

6	2	7	9	1	3	8	4	5
5	1	9	7	8	4	6	2	3
8	4	3	6	5	2	7	1	9
7	8	1	4	6	9	3	5	2
2	3	4	5	7	8	1	9	6
9	5	6	2	3	1	4	8	7
1	6	8	3	2	5	9	7	4
3	9	5	1	4	7	2	6	8
4	7	2	8	9	6	5	3	1

Puzzle # 48

1	4	2	3	8	6	5	7	9
5	8	9	1	4	7	2	6	3
6	7	3	5	9	2	1	8	4
7	6	5	8	3	4	9	1	2
3	2	4	9	7	1	8	5	6
9	1	8	6	2	5	3	4	7
8	9	6	7	5	3	4	2	1
2	3	1	4	6	8	7	9	5
4	5	7	2	1	9	6	3	8

Puzzle # 49

5	3	9	4	6	7	2	8	1
8	4	2	3	5	1	6	7	9
6	1	7	8	2	9	4	3	5
2	7	5	1	8	4	3	9	6
4	8	1	9	3	6	5	2	7
9	6	3	5	7	2	8	1	4
7	5	8	6	1	3	9	4	2
1	9	6	2	4	8	7	5	3
3	2	4	7	9	5	1	6	8

Puzzle # 50

8	7	2	9	1	6	3	4	5
6	9	4	3	7	5	8	2	1
1	5	3	2	8	4	9	6	7
2	3	5	6	9	7	4	1	8
7	4	1	5	3	8	6	9	2
9	8	6	1	4	2	7	5	3
5	6	8	4	2	3	1	7	9
3	2	9	7	6	1	5	8	4
4	1	7	8	5	9	2	3	6

Puzzle # 51

9	8	7	4	6	3	1	5	2
5	1	6	8	7	2	3	4	9
3	2	4	5	9	1	6	7	8
6	5	9	1	8	4	7	2	3
2	3	1	7	5	9	8	6	4
7	4	8	3	2	6	5	9	1
4	6	5	2	1	8	9	3	7
8	7	2	9	3	5	4	1	6
1	9	3	6	4	7	2	8	5

Puzzle # 52

6	5	1	8	9	4	3	2	7
7	8	4	5	2	3	6	9	1
2	9	3	6	7	1	8	5	4
8	3	5	7	4	2	1	6	9
4	6	9	3	1	5	7	8	2
1	7	2	9	6	8	4	3	5
9	2	7	4	3	6	5	1	8
3	4	8	1	5	9	2	7	6
5	1	6	2	8	7	9	4	3

Puzzle # 53

6	2	1	3	9	7	8	5	4
9	4	5	6	2	8	3	7	1
7	3	8	5	4	1	2	9	6
2	7	6	8	1	3	9	4	5
8	1	4	9	5	2	6	3	7
3	5	9	4	7	6	1	8	2
4	6	2	7	8	9	5	1	3
1	8	7	2	3	5	4	6	9
5	9	3	1	6	4	7	2	8

Puzzle # 54

3	9	6	4	8	1	7	2	5
5	2	1	7	3	6	4	9	8
4	7	8	9	5	2	3	6	1
6	4	3	2	9	5	1	8	7
7	5	9	8	1	3	2	4	6
1	8	2	6	4	7	9	5	3
8	3	7	5	2	4	6	1	9
2	6	5	1	7	9	8	3	4
9	1	4	3	6	8	5	7	2

Puzzle # 55

4	8	9	2	6	7	3	5	1
5	2	7	8	1	3	4	6	9
6	3	1	4	5	9	8	2	7
9	4	8	3	2	6	7	1	5
2	1	3	5	7	4	6	9	8
7	5	6	9	8	1	2	4	3
8	6	4	1	3	5	9	7	2
1	9	2	7	4	8	5	3	6
3	7	5	6	9	2	1	8	4

Puzzle # 56

7	1	6	5	2	9	4	8	3
8	3	2	6	7	4	9	5	1
5	9	4	3	8	1	2	6	7
1	2	5	4	9	3	6	7	8
3	7	8	2	5	6	1	9	4
6	4	9	7	1	8	3	2	5
2	8	3	1	6	7	5	4	9
4	5	7	9	3	2	8	1	6
9	6	1	8	4	5	7	3	2

Puzzle # 57

5	3	7	2	4	8	9	6	1
9	6	8	1	3	5	7	4	2
2	4	1	6	7	9	8	3	5
6	9	2	5	1	3	4	7	8
1	7	4	8	9	6	5	2	3
3	8	5	4	2	7	6	1	9
7	1	6	9	5	2	3	8	4
8	2	9	3	6	4	1	5	7
4	5	3	7	8	1	2	9	6

Puzzle # 58

8	4	6	1	9	7	5	2	3
5	1	9	3	2	4	8	7	6
2	3	7	5	6	8	9	1	4
1	9	3	4	7	5	2	6	8
6	8	2	9	1	3	7	4	5
4	7	5	2	8	6	1	3	9
7	5	1	6	3	9	4	8	2
3	2	4	8	5	1	6	9	7
9	6	8	7	4	2	3	5	1

Puzzle # 59

2	9	5	8	7	3	6	1	4
4	8	3	9	1	6	5	2	7
6	7	1	5	4	2	8	9	3
3	2	8	4	5	9	1	7	6
9	6	7	2	3	1	4	5	8
5	1	4	7	6	8	9	3	2
7	3	6	1	8	5	2	4	9
8	5	2	3	9	4	7	6	1
1	4	9	6	2	7	3	8	5

Puzzle # 60

2	7	1	8	5	4	9	3	6
9	8	3	6	2	7	1	5	4
5	4	6	9	3	1	2	7	8
6	5	9	2	8	3	7	4	1
1	3	7	4	6	5	8	2	9
8	2	4	7	1	9	3	6	5
7	1	2	5	9	6	4	8	3
3	6	8	1	4	2	5	9	7
4	9	5	3	7	8	6	1	2

Puzzle # 61

6	7	1	8	3	4	5	9	2
8	3	2	9	6	5	4	7	1
4	9	5	1	2	7	8	3	6
3	1	6	2	7	8	9	5	4
2	5	4	3	9	6	7	1	8
7	8	9	4	5	1	2	6	3
9	6	3	5	8	2	1	4	7
5	4	8	7	1	3	6	2	9
1	2	7	6	4	9	3	8	5

Puzzle # 62

7	8	4	1	5	2	6	3	9
6	5	1	9	3	7	2	8	4
3	9	2	4	6	8	5	1	7
5	2	9	7	4	1	3	6	8
1	7	6	2	8	3	4	9	5
4	3	8	6	9	5	7	2	1
9	1	5	3	7	6	8	4	2
8	4	3	5	2	9	1	7	6
2	6	7	8	1	4	9	5	3

Puzzle # 63

7	1	2	4	8	9	6	3	5
9	3	8	1	5	6	4	7	2
6	4	5	2	3	7	8	9	1
2	5	9	7	4	8	3	1	6
1	7	3	9	6	5	2	8	4
4	8	6	3	2	1	9	5	7
5	2	7	6	9	3	1	4	8
3	6	1	8	7	4	5	2	9
8	9	4	5	1	2	7	6	3

Puzzle # 64

9	8	7	4	6	3	1	5	2
5	1	6	8	7	2	3	4	9
3	2	4	5	9	1	6	7	8
6	5	9	1	8	4	7	2	3
2	3	1	7	5	9	8	6	4
7	4	8	3	2	6	5	9	1
4	6	5	2	1	8	9	3	7
8	7	2	9	3	5	4	1	6
1	9	3	6	4	7	2	8	5

Puzzle # 65

1	8	9	7	4	5	6	2	3
6	3	5	9	2	1	7	8	4
2	4	7	3	6	8	1	9	5
7	6	2	5	3	9	4	1	8
8	5	4	1	7	2	9	3	6
9	1	3	4	8	6	2	5	7
3	9	6	2	5	4	8	7	1
5	2	8	6	1	7	3	4	9
4	7	1	8	9	3	5	6	2

Puzzle # 66

7	6	9	5	8	1	2	4	3
8	4	5	9	2	3	7	6	1
2	1	3	6	7	4	9	5	8
1	3	6	4	5	2	8	9	7
5	9	8	1	3	7	6	2	4
4	7	2	8	9	6	3	1	5
3	8	4	2	6	5	1	7	9
6	5	7	3	1	9	4	8	2
9	2	1	7	4	8	5	3	6

Puzzle # 67

9	5	7	6	2	4	8	3	1
6	3	4	9	1	8	7	5	2
2	1	8	7	5	3	9	6	4
7	4	1	2	3	9	6	8	5
5	2	3	1	8	6	4	9	7
8	6	9	5	4	7	1	2	3
1	7	6	3	9	2	5	4	8
3	8	5	4	6	1	2	7	9
4	9	2	8	7	5	3	1	6

Puzzle # 68

7	4	6	5	9	1	3	8	2
9	3	5	7	8	2	4	6	1
8	2	1	4	6	3	7	9	5
6	5	4	8	3	9	1	2	7
1	8	9	2	7	5	6	4	3
3	7	2	6	1	4	8	5	9
2	6	8	3	5	7	9	1	4
5	9	3	1	4	6	2	7	8
4	1	7	9	2	8	5	3	6

Puzzle # 69

8	5	6	9	2	7	1	3	4
9	2	3	1	4	8	5	7	6
4	1	7	3	5	6	8	2	9
2	7	4	6	8	5	3	9	1
6	9	8	2	3	1	7	4	5
5	3	1	7	9	4	6	8	2
3	6	9	5	7	2	4	1	8
1	4	2	8	6	3	9	5	7
7	8	5	4	1	9	2	6	3

Puzzle # 70

5	8	9	3	6	4	7	1	2
6	1	2	9	5	7	3	4	8
3	7	4	1	8	2	5	9	6
8	2	3	7	9	6	4	5	1
4	9	5	2	1	3	8	6	7
7	6	1	8	4	5	9	2	3
1	4	6	5	3	8	2	7	9
2	5	8	6	7	9	1	3	4
9	3	7	4	2	1	6	8	5

Puzzle # 71

6	1	4	5	8	7	9	3	2
5	9	8	1	2	3	6	4	7
3	2	7	9	6	4	5	1	8
9	8	2	3	7	5	1	6	4
7	3	1	4	9	6	2	8	5
4	6	5	8	1	2	3	7	9
1	4	9	6	5	8	7	2	3
8	7	6	2	3	9	4	5	1
2	5	3	7	4	1	8	9	6

Puzzle # 72

2	5	7	6	1	8	3	9	4
9	8	6	4	3	2	7	5	1
1	3	4	7	5	9	6	8	2
5	4	3	9	7	6	2	1	8
6	9	1	8	2	3	5	4	7
8	7	2	1	4	5	9	6	3
3	1	8	5	6	7	4	2	9
7	6	9	2	8	4	1	3	5
4	2	5	3	9	1	8	7	6

Puzzle # 73

3	8	6	2	4	5	1	7	9
9	5	2	7	6	1	3	8	4
1	4	7	9	8	3	2	5	6
5	9	3	4	1	2	7	6	8
4	7	1	6	9	8	5	2	3
2	6	8	3	5	7	9	4	1
7	2	9	8	3	4	6	1	5
8	3	5	1	7	6	4	9	2
6	1	4	5	2	9	8	3	7

Puzzle # 74

3	1	4	2	7	6	9	5	8
2	7	8	9	4	5	6	1	3
9	5	6	3	8	1	2	4	7
8	9	5	4	1	3	7	2	6
1	6	2	7	5	9	8	3	4
7	4	3	8	6	2	1	9	5
6	2	7	5	9	4	3	8	1
5	8	9	1	3	7	4	6	2
4	3	1	6	2	8	5	7	9

Puzzle # 75

3	4	9	5	2	1	7	8	6
5	1	6	9	7	8	4	2	3
8	7	2	4	6	3	1	9	5
6	5	3	2	4	7	9	1	8
1	8	4	3	9	5	6	7	2
2	9	7	1	8	6	3	5	4
7	2	1	8	3	4	5	6	9
9	3	5	6	1	2	8	4	7
4	6	8	7	5	9	2	3	1

Puzzle # 76

6	4	9	5	7	3	1	8	2
2	3	7	8	1	9	4	6	5
1	5	8	4	2	6	7	3	9
5	7	4	9	3	8	2	1	6
3	1	6	7	5	2	8	9	4
9	8	2	6	4	1	5	7	3
4	9	5	3	8	7	6	2	1
8	2	3	1	6	4	9	5	7
7	6	1	2	9	5	3	4	8

Puzzle # 77

4	2	1	3	6	7	8	5	9
9	6	3	5	8	1	4	2	7
7	8	5	4	2	9	1	3	6
3	4	6	8	9	5	2	7	1
1	7	2	6	4	3	5	9	8
5	9	8	1	7	2	6	4	3
6	3	9	2	1	4	7	8	5
2	1	7	9	5	8	3	6	4
8	5	4	7	3	6	9	1	2

Puzzle # 78

1	3	4	2	8	9	6	7	5
5	9	2	6	7	4	8	1	3
8	6	7	5	3	1	4	2	9
7	8	6	4	5	3	2	9	1
2	1	9	8	6	7	5	3	4
3	4	5	9	1	2	7	8	6
6	5	1	3	2	8	9	4	7
4	7	8	1	9	5	3	6	2
9	2	3	7	4	6	1	5	8

Puzzle # 79

2	1	4	9	5	8	6	7	3
6	8	7	4	1	3	5	2	9
9	5	3	6	2	7	4	8	1
8	4	5	7	3	9	2	1	6
1	7	6	2	8	5	9	3	4
3	9	2	1	6	4	8	5	7
4	6	8	5	7	1	3	9	2
7	3	9	8	4	2	1	6	5
5	2	1	3	9	6	7	4	8

Puzzle # 80

2	6	8	5	4	3	9	1	7
7	1	5	9	6	8	2	3	4
9	4	3	7	2	1	5	8	6
1	9	7	2	8	5	4	6	3
6	5	2	3	7	4	8	9	1
8	3	4	1	9	6	7	2	5
3	2	6	4	5	9	1	7	8
4	7	1	8	3	2	6	5	9
5	8	9	6	1	7	3	4	2